无人船，列阵！

马娟娟 王懿墨 屠正阳◎著 东千兔兔 淳六六◎绘

U0240968

北京科学技术出版社

伪装货船

港口码头

无人潜航器

唰

这伙敌人警惕性很高，注意别惊动他们！

蛙人小队

任务开始！

四下寂静，全副武装的蛙人小队在我们的远程指挥下，跟随无人潜航器潜入港口，准备执行一项秘密任务。

伪装货船

看起来像普通的货船，实际上船舱内藏着很多携带机枪等重武器的敌人。

折叠式水下侦察天线

折叠式通信桅杆

侧向喷水推进装置

圆形光电观察窗

无人潜航器

体型比普通潜艇小很多，在水底更安静、更灵活，非常适合执行侦察任务。

已跟随无人潜航器进入警戒区域，做好战斗准备。

敌人的具体分布情况还不清楚，还要用智能遥控无人船和多用途无人作战艇进一步侦察。

潜入港口侦察

据可靠情报，本次行动的目标——装有机密文件的保险箱，就藏在敌人的伪装货船上。为了完成任务，蛙人小队在无人潜航器的协助下悄然进港……

多用途无人作战艇
装备先进的自动导航雷达，在远程遥控下可以快速穿梭海面，可装备机枪、防空导弹等武器。

伪装货船

敌人重兵把守的营地

我方无人船

敌人可能布置暗哨的位置

我方蛙人小队

智能遥控无人船
小小的身体里有各种智能装备，能随时监测周围环境、水流和岸边情况。

我们是有备而来的！
智能遥控无人船已传回敌人坐标，多用途无人作战艇也已绕到岛的另一侧侦察。

5

暗流涌动，危机四伏

智能遥控无人船开启静音模式，悄悄抵近岸边隐蔽侦察。

敌人戒备森严，部署了武装巡逻艇，设下许多暗哨，

对港口进行严密监视。

我们如果贸然闯入，将十分危险……

水下步枪

专用于水下发射的步枪，上面有排水孔等特殊装置。

腕部智能通信设备

带有电子地图，具备语音通信、自动定位等多种功能的小型防水电脑，佩戴在手腕上。

蛙人小队训练有素，希望他们成功潜入。

武装巡逻艇
负责近海防御、巡逻的小型武装船只。

消音手枪
带有消音器的手枪，蛙人在陆地上执行任务时使用，无法在水下使用。

战术匕首
不仅可手持进行近战搏斗，还可挂在步枪上作为刺刀使用。

已将整片海域扫描完毕，信息同步给指挥中心，武器系统做好准备……

控制台的功能真多！我已经看得眼花缭乱了。

远程控制台

唰——

强力通信天线
有卫星通信、5G 数据传输等功能，可发射指挥信号，让多艘无人艇组成集群，配合作战。

"大白鲨"，来了!

伴随着马达的轰鸣声，一艘犹如大白鲨的装甲隐身无人艇在多用途无人作战艇的引导下驶入战场，增援蛙人小队。

这艘无人艇好像跃出水面的大白鲨。看，它身上还有"鳞片"呢!

多功能探测器

可侦察海面和空中的目标，指引无人艇自动规避障碍物，将海面上的情况传输给控制中心。

相控阵雷达

一种先进的雷达，原本只装备在大型驱逐舰、护卫舰上，现在也可装备于无人艇上。它不仅能增强无人艇的战斗力，还能与其他舰艇联动，完成远程舰队指挥任务。

装甲隐身无人艇

装有能同时锁定上百个目标的先进雷达，配备多种武器，火力强劲，相当于一艘迷你护卫舰。

防滑装甲

像鳞片一样附着在甲板上，能增强无人艇的防御能力，减弱敌人的雷达搜索信号，艇上载人时还可以起到防滑作用。

遥控多功能舰炮

装备一门小口径舰炮和两枚防空导弹，可以自动瞄准开火，而且射速快，能从海面向敌人的直升机、无人机等发起攻击。

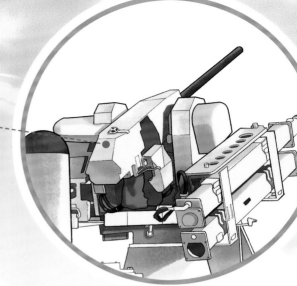

伪装货船

武装巡逻艇

> 我怎么没看到无人艇上有武器？面对来势汹汹的敌人，它该如何应对？

装甲隐身无人艇，火力全开！

马上就要接近敌人的伪装货船了，突然，敌人隐藏在港湾内的武装巡逻艇朝我方快速袭来！

隐藏式鱼雷发射管

位于无人艇两侧，平时发射装置处于关闭状态，这样能从外观上隐藏自己，其外部的特殊涂装还能干扰敌人的侦察信号。

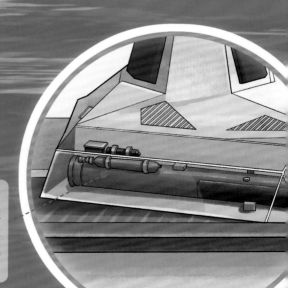

平时，装甲隐身无人艇的武器
都藏在艇内；遇到危险时，
它才会在敌人面前"亮剑"！

垂直发射系统
位于前甲板下部，每个发射井可以装填四枚防空导弹或反舰导弹，可以 360° 攻击射程范围内的目标。

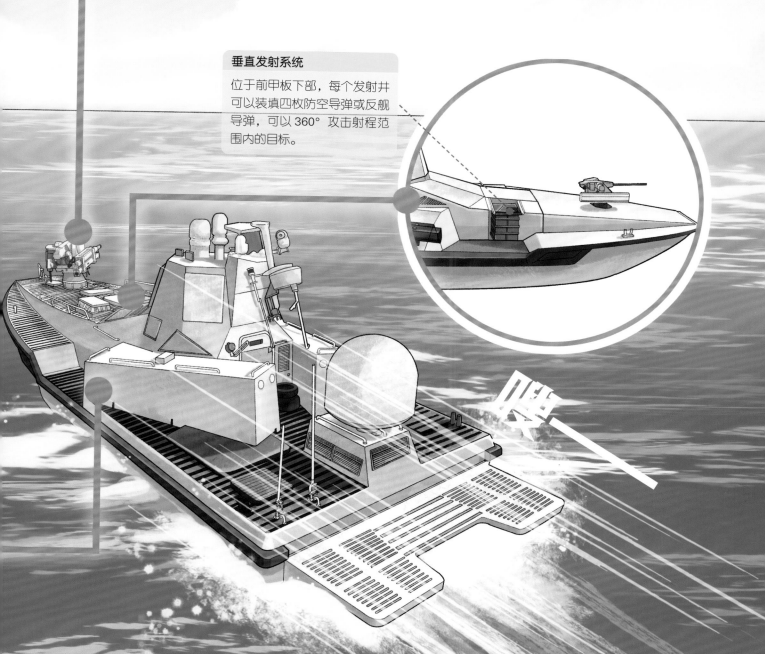

嗖

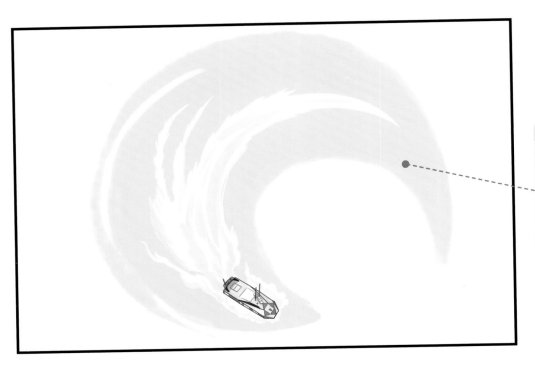

小半径回转

普通快艇转弯时要绕一个大圈，如果转弯过急，还有翻船的危险。但高速无人艇装有特殊设计的船舵，只要在水面上画一个小圈就能灵活转弯。

高速无人艇，出击！

敌人的武装巡逻艇暂时被牵制住了，但是他们的伪装货船准备逃跑。

不用担心，我们出动了一支"奇兵"，它们已经全速赶来了！

高速无人艇群已经将敌人包围了！

这支"奇兵"是通过人工智能指挥系统自动作战的。

智能高速无人艇

拥有全智能工作模式，可自主规划行驶路径、躲避障碍，还能携带光电探测仪、声呐等设备及轻型武器，可执行情报收集或反潜任务。

隐身船体

船体采用多棱面设计，涂刷灰色海洋迷彩，可实现雷达和光学双重隐身。

全自动哨兵模式

高速警戒无人艇采用自动追踪锁定目标的工作模式，即便在夜间漆黑的海面上，也能自动锁定敌人，精准射击。

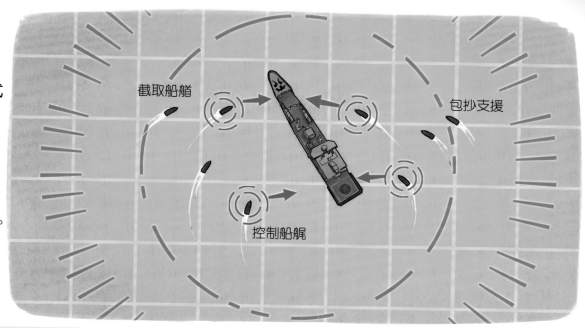

截取船舷

包抄支援

控制船艉

对舰干扰雷达

能让敌方来袭的反舰导弹无法找到正确目标，只能像没头苍蝇一样乱飞，最后栽进大海。

遥控武器站

高速警戒无人艇

可在有人模式与无人模式之间自由切换，装有大口径机枪等武器。艇体由防弹纤维制成，普通子弹很难将其打穿。

有智慧的无人船

无人船的"智慧"得益于人工智能指挥系统。这一系统可根据敌方船只的逃窜方向，自动对无人艇群进行分组，使其从不同方向拦截，同时计算敌方武器装备，指挥无人艇群发动攻击。

敌人的伪装货船被包围了，我们赶紧去找保险箱！

咕噜噜……

不好！保险箱落到海底深处了！

主船体
三体隐身无人艇的主体部分，里面装有动力系统、电力系统等，船头还装有水下声呐。

穿浪型船艏
也叫内倾型船艏，外形细长，可有效减小航行阻力，加快航速，降低噪声。

三体隐身无人艇，出动！

在无人艇群的重重包围之下，敌人的伪装货船慌不择路，触礁沉没。

我们要找的装着机密文件的保险箱也落入了茫茫大海。

这时，三体隐身无人艇也赶来支援了。

电子综合雷达

能搜寻敌方舰艇，为我方导弹指引目标的多种雷达。它的外面有一个特殊材料制成的大罩子，能大大降低被敌方发现的概率。

侧船体

帮助无人艇在高速航行时保持平衡的装置，能起到与自行车辅助轮一样的作用。

它的速度真快！就像一把长长的利剑在海上划出浪花！

听说它能 24 小时不休息，持续航行上万海里，就算是台风天也能出海执行任务。

三体隐身无人艇

集各种高科技手段于一身的"海上猎手"，可代替军舰执行反潜、侦察、巡航等任务，不仅速度快，具备较强的隐身功能，还可搭载无人直升机进行战斗。

三体隐身无人艇的优点：

有两个侧船体的辅助，三体隐身无人艇不仅增强了抵抗海浪的能力，还为无人机提供了充足的起降空间。

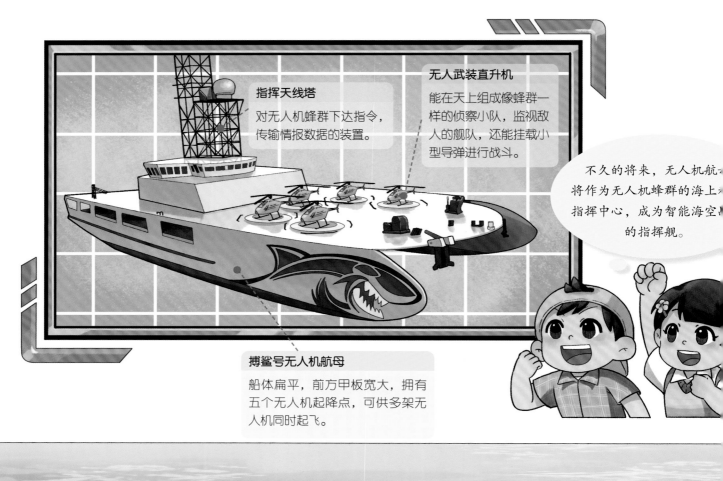

指挥天线塔
对无人机蜂群下达指令，传输情报数据的装置。

无人武装直升机
能在天上组成像蜂群一样的侦察小队，监视敌人的舰队，还能挂载小型导弹进行战斗。

不久的将来，无人机航母将作为无人机蜂群的海上指挥中心，成为智能海空战的指挥舰。

搏鲨号无人机航母
船体扁平，前方甲板宽大，拥有五个无人机起降点，可供多架无人机同时起飞。

无论敌人往哪个方向逃跑，我在天上都能看得清清楚楚！

空中侦察无人机

武装巡逻艇

智能海空战队

我方无人艇群继续围捕敌方的武装巡逻艇，他们插翅难逃！

盘旋在空中的无人机也早已将他们锁定。

无人破障艇开始对海滩上的反登陆障碍进行爆破，为下一步行动做准备。

无人破障艇

能紧贴海岸线高速移动，可躲避敌方雷达。装备防搁浅系统，不会出现搁浅在浅滩上无法返回的情况。由于无人操作，它能够尽可能地靠近爆破目标，从而大大提高爆破精度。

反登陆障碍

破障弹

威力比重型炮弹要大得多，可以定时引爆。

发射破障弹，炸毁反登陆障碍！

破障发射筒

弹药发射装置，能同时抛射几十枚破障弹，瞬间在海滩上炸出一条通路。

水陆两栖无人登陆艇，上岸！

敌人的海滩阵地已被摧毁，我们的登陆部队冲上滩头，
冲在最前面的是一只威猛的"海蜥蜴"。

智能通信传感装置

连接北斗导航卫星，可根据陆地
指挥部发出的情报自主寻找安全
地带，躲避敌人进攻。出现故障
时，能发出求救信号。

"四驱"履带

"海蜥蜴"有四条可自动升降
的履带，每一条都能独立运转。
"海蜥蜴"即使受损至只剩一
条履带，依然能正常行驶。

航行时它把履带
藏在身体里，上岸后放下履带，
就能变成一辆威武的战车！

滩头的敌人已经乱作一团。我们一鼓作气，端掉他们的老巢！

特制艇身

艇身采用铝合金材质，尽管加装防弹装甲，重量仍比普通登陆艇更轻，速度也更快。

"海蜥蜴"

我国首艘水陆两栖无人登陆艇，代号"海蜥蜴"。它使用两组先进的喷水推进装置，拥有水陆两用装备，配有导弹垂直发射装置和遥控机枪等武器，能通过智能化编队组团攻击目标。

"潜伏奇兵"

"海蜥蜴"被誉为"潜伏奇兵"，它具备隐蔽休眠能力，可以在目标岛屿附近"潜伏"近八个月，并可随时被激活，向敌人发动奇袭。

水下搜寻

保险箱沉入茫茫海底，该如何将它寻回呢？

别担心，与蛙人一同潜入海底的还有一支"无人搜寻队"，

轮到它们大显身手了！

水下机械臂

能准确抓取深海物体，安装了防水的人造皮肤，让无人缆控潜水器拥有"触觉"，通过人工智能分辨抓取目标。

猎雷潜航器

一种用来对付水雷的无人潜航器，能利用声呐探测隐藏在海底的水雷，引导蛙人小队从安全区域通行。

咕噜噜……

目标信息核对完毕，准备进行抓取！

无人缆控潜水器

装备温度计、生物采集器、水下机械臂、水下定位系统和深水超高清摄像头等先进设备，能下潜到几千米的海底，抓取重物。

在礁石缝隙中发现目标!

无人潜航器

多用途无人潜航器

可由搜救艇、驱逐舰等舰艇携带,能对深海目标进行全自动搜索和定位,拥有先进的水下通信技术,可实现超远距离无人操控。

有了这些无人潜航器,我们就可以探索神秘的海底了!

无人潜航器的水下声呐将海底的情况探测得清清楚楚,所有信息都实时显示在电子地图上。

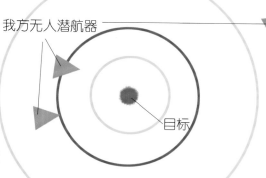

我方无人潜航器

目标

我方蛙人位置

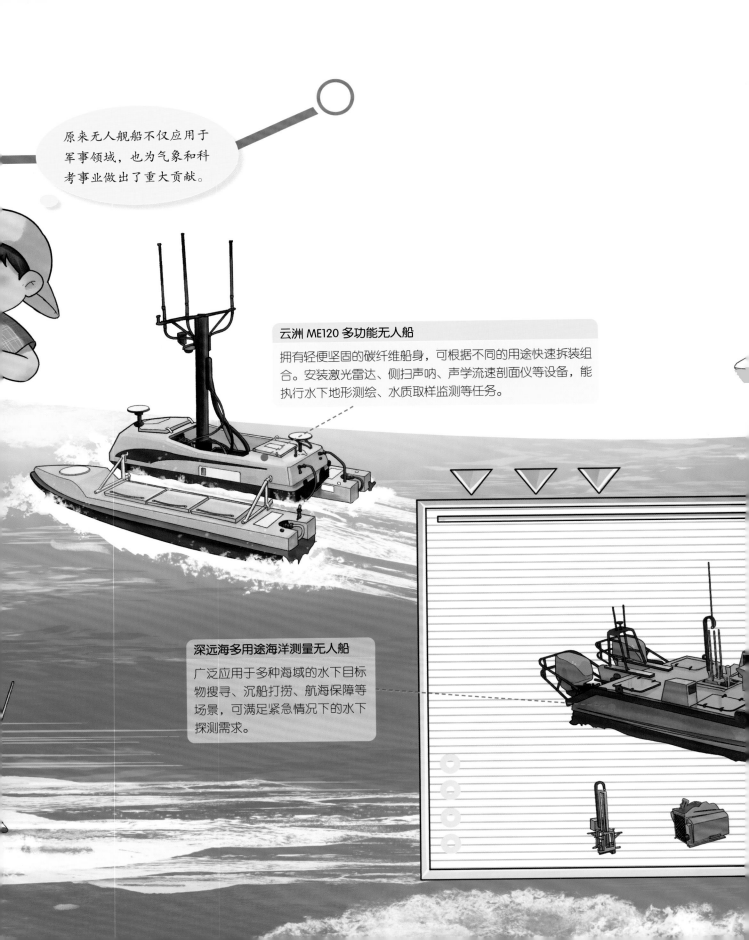

原来无人舰船不仅应用于军事领域，也为气象和科考事业做出了重大贡献。

云洲 ME120 多功能无人船

拥有轻便坚固的碳纤维船身，可根据不同的用途快速拆装组合。安装激光雷达、侧扫声呐、声学流速剖面仪等设备，能执行水下地形测绘、水质取样监测等任务。

深远海多用途海洋测量无人船

广泛应用于多种海域的水下目标物搜寻、沉船打捞、航海保障等场景，可满足紧急情况下的水下探测需求。

气象观测无人艇

可持续航行十几个小时，搭载多波段气象观测雷达，能对海上的云层、海雾等气象信息进行远距离监控，及时为海上的船只提供可靠的天气预报。

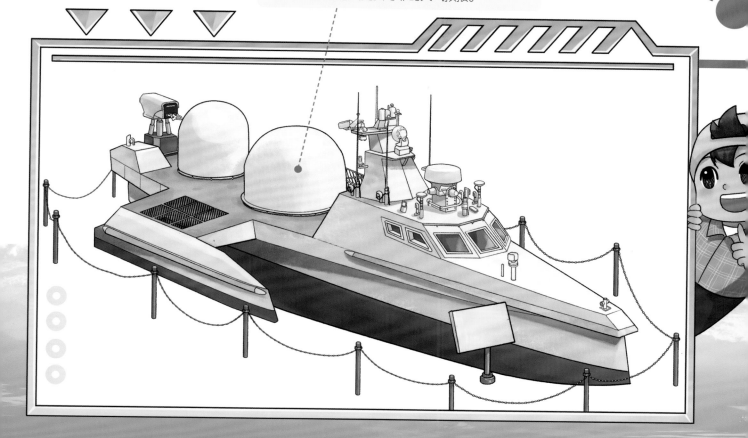

无人舰船集结

如今，在大海中遨游的无人舰船已不再罕见，
让我们再来认识几种吧！

法国无人巡逻艇

借助柴油机驱动喷水推进装置获得动力，航速超过普通的驱逐舰。艇艉的甲板可以换载水面雷达、反潜声呐、反水雷装置等装备。

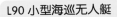

L90 小型海巡无人艇

一种应用人工智能技术的无人巡逻艇，可同时出动几十艘，配备了大功率喊话器、光电吊舱等装备，能自动识别非法进入领海的船只，对其喊话警告或采取包围战术将其驱离。

这些高科技舰船会在各种展览中亮相，大家记得多关注它们哟！

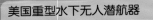

美国重型水下无人潜航器

重达 50 吨，能在水下连续航行上万千米，持续作业超过 6 个月。这种水下潜航器不需要母船伴随保障，可以凭借自身能力横穿大洋。

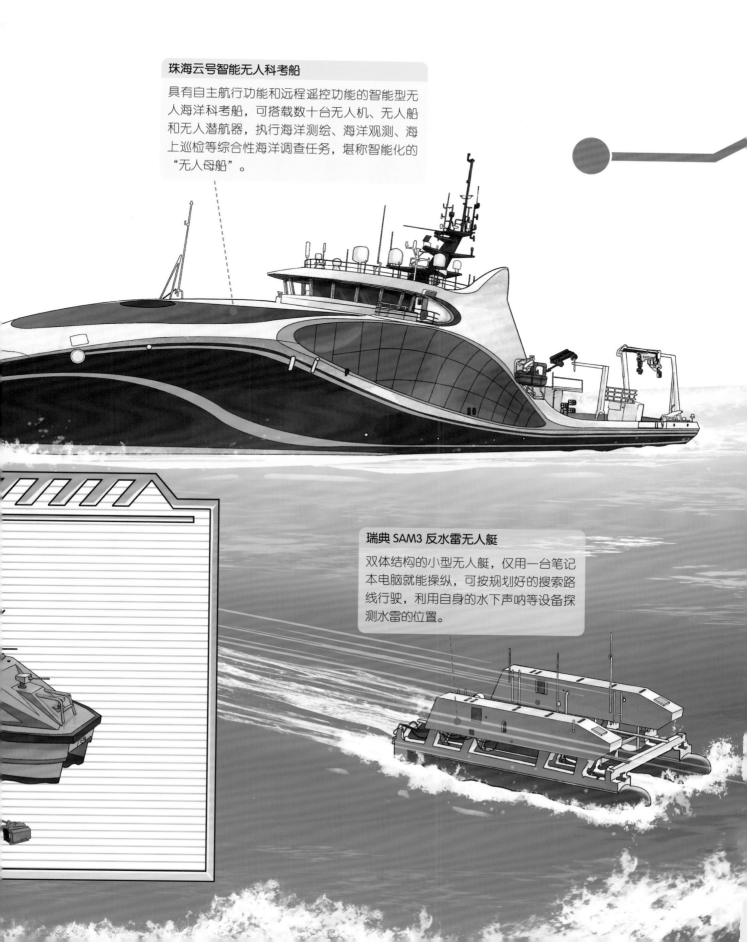

珠海云号智能无人科考船

具有自主航行功能和远程遥控功能的智能型无人海洋科考船，可搭载数十台无人机、无人船和无人潜航器，执行海洋测绘、海洋观测、海上巡检等综合性海洋调查任务，堪称智能化的"无人母船"。

瑞典 SAM3 反水雷无人艇

双体结构的小型无人艇，仅用一台笔记本电脑就能操纵，可按规划好的搜索路线行驶，利用自身的水下声呐等设备探测水雷的位置。

未来海战主力——无人船家族

无人船编队在海上变换着阵形，
向前冲锋！
它们智能又精准，将在未来海战中
乘风破浪，独当一面！